O LIVRO DAS MÃOS

O livro das mãos

Gisela Gracias Ramos Rosa

MOINHOS

Título original: O livro das mãos
© Gisela Gracias Ramos Rosa, 2019.
© Editora Moinhos, 2019.

1.ª edição foi publicada em novembro de 2017
Coisas de Ler Edições, Lda. Portugal

Edição Camila Araujo & Nathan Matos
Assistente Editorial Sérgio Ricardo
Revisão, Diagramação e Projeto Gráfico Nathan Matos
Capa Sérgio Ricardo

Nesta edição, respeitou-se a edição original.

Dados Internacionais de Catalogação na Publicação (CIP) de acordo com ISBD

R788l
Rosa, Gisela Gracias Ramos
    O livro das mãos / Gisela Gracias Ramos Rosa. - Belo Horizonte, MG : Moinhos, 2019.
    74 p. ; 14cm x 21cm.
    ISBN: 978-65-5026-022-4
    1. Literatura portuguesa. 2. Poesia. I. Título.

2019-1712
                           CDD 869.108
                           CDU 821.134.3-1

Elaborado por Odilio Hilario Moreira Junior — CRB-8/9949

Índice para catálogo sistemático:
1. Literatura portuguesa: Poesia 869.108
2. Literatura portuguesa: Poesia 821.134.3-1

Todos os direitos desta edição reservados à Editora Moinhos
www.editoramoinhos.com.br
contato@editoramoinhos.com.br
Facebook.com/EditoraMoinhos
Twitter.com/EditoraMoinhos
Instagram.com/EditoraMoinhos

Dedico este livro a todos os que amo e fazem parte da minha vida,

*Ao meu filho Hélder, à minha mãe Margarida,
à memória do meu pai Alberto e do meu tio António*

*Aos amigos Inez Andrade Paes,
Maria Teresa Dias Furtado
e Alfonso Pexegueiro*

Edição apoiada pela Direção-Geral do Livro, dos Arquivos e das Bibliotecas/Portugal.

REPÚBLICA PORTUGUESA

CULTURA
DIREÇÃO-GERAL DO LIVRO, DOS ARQUIVOS E DAS BIBLIOTECAS

Tudo está em nós.
Holderlin

na orla do silêncio,
as mãos

De argila somos com água concebidos
do enlace o molde a estrela o sopro.

Abro as mãos e encontro as linhas
o espelho que me liga às tuas mãos.
Unimos os gestos ao ritmo de corpos
dobrados pelo silêncio que se interpõe
ao ruído do mundo.
O meu gesto e o teu abrem o mundo
com as mãos

A Alfonso Pexegueiro

Num gesto compus o silêncio
libertava-me do ruído dos dias
das máquinas que esmagam o ângulo
das aves o átimo de esperança
no plano inclinado das coisas à distância
alonguei o movimento das mãos à árvore
à flor à pedra para regressar descalça
ao recorte intenso da pulsação da terra
era agora a promessa de um gesto inaugural
na orla do silêncio o centro inteiro

Lavrando o dia e a noite chamei a mim
os animais da confiança e do sonho
e no guião da vida surgiram pegadas
revelando uma escrita antiga
iniciei-me com a tinta de água no poema
num texto de malha densa traçando
o complexo contexto humano
desde então os animais da ira perscrutam
o meu caminho e com medo inventam
palavras díspares com animosidade e perfídia
iludem em descaminho.
Lavrando o dia e a noite chamo a mim todos os animais
da confiança para que a vida seja horizonte e sonho

> *Alma, buscarte has en Mí,*
> *Y a Mí buscarme has en ti.*
> Santa Teresa de Ávila, *in* Seta de Fogo

Escrevo para sarar a asa ferida da origem
e num movimento de dança liberar o impulso da
imagem incompleta com afecto

venho a esta casa reconhecer o fogo onde
construo voos serenos que trago na percepção
dentro do espaço, um espelho de íntima sombra
na claridade de um instante

e porque à memória não devo o sacrilégio
do fogo roubado, encontro a flor inesperada
da montanha no momento em que tudo se toca

ainda que na outra asa surja a cumplicidade
dos pássaros embriagados pelo fogo da rota
as mãos abrem e sagram o invólucro branco
que me guarda

e volto ao entendimento da pele, em certos dias
em que o fogo irrompe em transparência e isso
bastará para abraçar com subtil afago todos
os signos da bondade

A Inez Andrade Paes

Está no corpo o centro do que ainda não tem nome
a dança contínua em projecção esculpida contra o vento
elevamo-nos na promessa de encontrar essa linha ao meio
que em diagonais se configura e em movimentos se cumpre
por isso amamos toda a dança que no tempo esboça
o que ainda não tem nome

Levem-me, digo às palavras que me acolhem
não esperem pelo pensamento que tolhe e conduz
a expressões reguladas e contraditórias. Abram-me
a porta do verso que é frente em simultâneo gesto.
Levem-me pelo verso até ao poema e suprimam
a gramática que corrige e diferencia. Escrevam-me
sem mapa sempre que puderem e sem que eu dê
conta desse imenso gesto

Estas mãos sonâmbulas transcrevem
tudo o que sonhei em vigília
Estendo os dedos e toco a página de um lugar
fado dialógico, extremo de minhas mãos.
Sou textura polifónica, luz sonâmbula
de um breve segredo em que me inscrevo.

Abro uma clareira na vereda da circunstância
um sulco nasce e recorda a mão.
Viver: tudo o que recordo e como recordo.
Quantas vidas, da treva à luz?

Acordo ao nascer respiro o primeiro traço inacabado
o passo a ascender sem medida ou agravo.
Leio palavras secretas que me guardam
oiço a clave cósmica, a confluência dos aspectos,
sístole-diástole sem corromper o silêncio,
puxo a língua em direcção à mão
e volto a acordar ao respirar o traço inacabado

Amo as pedras como se fossem nomes
anteriores a mim. Pego nas peças circulares,
infinitas contas de um cordão.
O tempo percorre as minhas mãos.

A Marília Lopes

Há um halo no centro do poema
a voz silente, um rasgo de escuta.
Fragmento o instante colho a eternidade.

Tenho nos dedos a raiz e o sangue
dos meus avós. Nada mais que sonhos
focados, água desejo, utopia,
espírito e matéria na ignota cruzada
de um encontro que se expande com amor.

Sempre que sacudo a dor ascendo
à nitidez do mundo e contemplo
como se nunca antes houvera sido.

À minha mãe, a todas as mulheres da Terra

As raízes da Terra dançam na pele
do mundo, elas sobem descem, procriam
são prismas iluminados que desbravam
alimentam conciliam

Elas tocam o chão com pés de água
e não repousam na ambição
do húmus, em seus grãos prosseguem
já os troncos com asas de destino,
altas elevam-se num corpo de tesouro e mistério
As raízes da terra são espelhos de água

que atravessam os rios num leito de silêncio
são canoas com jacintos da estação
elas são a alegria côncava do mundo

Impossível é dissociar as mãos da construção
do mundo. Afloro quase sempre uma palavra abro-a
lentamente com as mãos até que o ritmo
do poema se instale reverbere uma imagem clara
e se desfeche. Escrevo como se estendesse raízes e sou
um ramo adormecido alcançando em silêncio.
Nas mãos repousa o primeiro dia, a primeira vez
de todas as coisas.

A minha terra não tem um nome próprio
mas o nome do corpo que a molda
com o peso dos signos e do contexto.

a minha terra é um texto que cresce
devagar no corpo, e fora dele,
no contacto da pele com o mundo.

Agora acredito ser possível acrescentar
uma asa a cada movimento
do corpo
pilar entre o chão e o divino.

A Maria Teresa Dias Furtado

Se em cada silêncio desenhasse um monge
para depois com os instantes iluminar o vento
veria em cada pedra um rosto de água
veria em cada rosto um simples ser.
Se em cada pedra moldasse os momentos
do poema e da folha que invento à minha medida
fecundaria uma pérola antiga ceifada com o tempo.
Breves são as coisas como modesta e simples
é esta casa onde anoto a construção de cada dia
eternos são os mundos que se elevam na página.
Se em cada semente eu plantasse o rosto da terra
tudo seria tão próximo dos «círculos em expansão»[1]

---

[1] Expressão de Rainer Maria Rilke.

Quem não colhe do erro ou da dor
a construção e a integridade, nada
colhe do caminho e na cruz a errância,
mundo de sentimentos sem
contorno, projecção contínua em que
nos outros apenas se colhem reflexos
alheios

Acreditas que esta mão se transformou numa ave?
– Travessia fecunda a da palavra mais curta.

Se nos elevamos com a palavra imaginada
mesmo antes da chama preencher o sulco da página
é porque mastigámos a pedra no interior de dédalo
longínquo, agora asa pausada de um condor.

Sabemos como tudo nos percorre no intervalo
do que somos e deixamos de ser
interstício vento brevidade
imagem que se revela à contra luz
na transparência do que no ínfimo
persiste em nós

quando enfim à transparência tudo se vê
lembrando a impressão vincada no papel
agora no rosto
e se tudo é face de outra face
e tudo é nada e o todo é tudo
já nada espero quando o fruto nasce
desapego-me e sou pétala que levemente
se solta e se desprende da rosa
para se transformar

Estou na densidade
de um verbo solitário[2]
no horizonte de uma língua
incompleta

desenho linhas sem gravidade
transgressões da linguagem
que me conduzem ao branco
palco da palavra onde te encontro

eclodes como um navio solar
por entre a aura de um aceno
como se os teus punhos
derramassem a líquida seiva
de um arbusto

e neste corpo balanço a água
de um mar antigo
adio o fogo
flutuando na superfície
de uma pele tranquila

[2] Roland Barthes.

nasço na parábola
na nascente de uma lua

imaginando uma flor
que une as suas pétalas
com o som da noite

na margem da nossa língua
há um país que inaugura
o tacto na distância da página
na proximidade da forma
de arabescos suspensos
no esplendor singelo de uma dança

Ao meu tio António Ramos Rosa

O seu olhar juntou-se à minha retina
como se alma e retina pudessem olhar
e reter o mundo. No adro do olhar a circunferência
aberta, a luz que se instala em momentos precisos perenes.

Ao chegar mais perto a imagem desvanecera
e os nervos eram linhas que cruzavam registos
de tensão impasse desejo. A luz ajudara a construir
e palpar a forma em redor da fonte, a sensação de
centro e bondade. Todos os indícios eram caminhos,
cabelos brancos dentro de poemas, tinta a espalhar-se
na página como se erigisse um corpo, tanto tempo...
O poema olhava-me era uma transição serena de
estado e a imagem que acenava era eu

Ao meu filho Hélder

Ainda que o tempo se transforme
e nos olhos se forme um corpo devagar
ainda que o vagar seja o compasso
que nos salva da perda
ainda que os olhos alcancem
lentamente o mundo que se transforma
sabemos que é uno o ponto de partida
e de chegada.

> *Todo el árbol*
> *Irguiendo está su ansia de la raíz al canto.*
> Jorge Guillén, Cántico

A Luís Filipe Pereira

Como num jogo deslocamos
as margens com as palavras
permutamos transgressões, silêncios
compondo lentas árvores

e antevemos nítidos pássaros, cânticos
na matéria do poema
com o fascínio das copas azuis
trespassando-nos em segredo

sabemos que nesta bússola
as pontes formam líquidas presenças
e um manancial de essência
irrompe por entre as palavras
atenuando o musgo da dor que nos pulsos
se instalou antes de nós

neste cálice saboreamos os matizes
das imagens rompemos os nomes em formação.

Os meus dedos estendem-se da palavra à imagem sem qualquer erudição, cruzam a memória branca dos vocábulos antes da significação. Nada é o conceito destas mãos em que estendo tudo o que nelas cabe por inteiro.

num golpe de pão
o poema

A construção é um lábio aberto asa incólume em atenção plena ao voo, ao poema que se escreve em cada sulco. A asa do poema é uma oração sem mapa voz que cresce em qualquer corpo ou página.

Na minha casa moram várias palavras nuas
as que inauguram o espaço
e as minhas mãos

Os meus olhos não se apaziguam
com a ausência e assim transformam
levando os instantes para outro instante do tempo.

Habito uma grande extensão de terra contínua
árvore, continente, arco de amor e contingência.
Toco o chão e pressinto a essência o vagar.
Experimento a presença húmida das pedras
um triângulo de sol, matéria-forma, sonho
olvido.

A Maria João Cantinho

Quando o punho é uma palavra rasa
inteiro é o sentido, a integridade.
O poema: um aceno ao sonho de ser
em compreensão e extensão.

Teorias do espelho

persigo a paz e acusam-me de insurreição
escrevo plural e acusam-me de individual
sou do silêncio nascida, tenho nos pés
os traços da planta que se ergueu
na busca do diálogo
Aprendo coopero dou e dizem-me
que tenho um umbigo
persigo o que sou e dizem-me que não sou
Amo o mundo perdoo e mostram-me
que não caibo no reflexo do espelho
sou o que sou, ou não sou?

Nas margens o lugar nunca é o mesmo
ensaiamos o voo das mariposas em torno de um centro
que se propaga como uma onda negra
que suga os membros de quem resvala

Colhemos resquícios de um plano iluminado
numa sequência de *frames* disparados na tela
de um possível enredo fílmico
e figuramos na página num galope tenro e veloz

ontem o actor navegou mar adentro
sem permissão para a morte
apenas a sua mente perdurava no corpo
como ferida na margem

neste plano os actores são as palavras
que unimos na distância dos equívocos
e juntos viajamos para fora do tempo
para fora do centro e das margens
Aqui enunciamos versos, âncoras livres
nas palavras que se movem diante de nós

A Graça Pires

Projectamo-nos no espaço entre limites
mentais que erguemos para dentro
para fora, mas entre a planta de um rosto
e a sua raiz há uma flexão um espaço
sem língua que cresce devagar.
Num rosto o gesto maior compõe o silêncio.

Não se equivoquem os que pensam
que a sede é apenas ambição.
A sede é peregrina do corpo
da sua transformação.

A Victor Oliveira Mateus

Passemos erguidos com a vénia do coração
perante quem a cicuta produz efeitos
que desenham o rosto de quem
a verteu e ofereceu com a língua informe.
E àqueles cujo olhar não mais diz que
a ávida esperança da escuta a esses
depositemos a oração do poema
com as palavras mais simples

Caímos como tordos sobre a areia
sem saber sem sabor sem tempo
para integrar a via luminosa do mundo.
Presente e futuro, a íntima anterioridade.
Oh! Quantas lembranças por cumprir num só tempo
do corpo, num só corpo de tempo
enquanto a esperança passa nua na rua que se estreita
na dissonante e ruidosa corrente de falas impasses
ou malícia proclamada.
Trazei-me a límpida manhã os pássaros a cotovia
trazei-me o poeta que incansável traça a palavra
com a vénia do dia.

Trago a língua à superfície da página
rebato a pena e sinto a encruzilhada
do corpo metáfora sobre a mim.

Sou uma semente recôndita
que se move entre o nada e o tempo
e assim colho o instante com a flor
que o espaço me concede
O verso da rosa é carne e poema
é amante é mão é solidão.

Como explicar que a cada um cabem características
específicas, na língua, na pele, na expressão.
A ninguém pode caber a fala de um lugar
de sapiência e soberba, também na ciência o erro se refaz
Se queres transmitir, não compares! Sê meio.

As palavras moldam o mundo
enquanto as mãos artesãs do concreto
tecem-nas em circuitos integrados
de ser amor e forma. A palavra é pétala
de uma flor maior, o poema.

A Ronaldo Cagiano e Eltânia André

Escrevemos de pulso em riste desafiando o ruído
e em silêncio apaziguamos o gesto numa mancha
de sinais num lugar sereno de atenção e escuta.

Não sei se leio com a alma ou com a pele
os pedaços de tempo que desenham o meu corpo

Não sei se olho através da memória que se esfuma

quero tocar essas tábuas antigas e ausentes
que permanecem como caminhos descontínuos
ou retocar o sentido dessas cores etéreas
de um passado presente

tacteio devagar o equilíbrio dos grãos
e o cobre espalmado pelo cheiro das esteiras
estendidas no estio

não sei há quanto tempo este tecido navega
com os trajes de um deserto que desperta
as malhas do sol aros da água num corpo
permeável de sentidos

Por vezes o dia chama-se nostalgia
qualquer coisa funda assola-nos o peito
um sol por abrir uma mão antiga que ao longe
afaga a lembrança. E a palavra chega e abraça
os olhos e os lábios do outono depositando nas mãos
a música líquida do presente

A Ricardo Gil Soeiro

Para que a rosa se erga é preciso que todos os silêncios se transformem num aperto de mãos, as que escrevem o poema em cada linha. Sulcamos assim o espelho humano que nos une e projecta além do acúleo e da ignomínia, alquímico gesto que o místico sonha e produz ao espelhar a rosa.

Nos teus olhos os meus

Quando os teus braços se elevam da escassez
deixo que a palavra se estenda na página
e sou um grito silencioso rompendo o círculo do mundo.

Tenho nos pulsos o gesto de todas as mãos erguidas
pontes da palavra mais antiga, entre a língua e o sal
a fronteira
estendo a boca com sede aos vincos da escrita ao ritmo
do sangue à memória, bebo a construção deste espelho
[liminar

As nuvens multiformes deslizam silenciosas na noite
enquanto seguramos o corpo a degraus precisos para não cair
fora do mundo.

Treino a vigília num golpe de pão e poema
alongo o sopro a outros nomes : arca ninho princípio.
Troco a posição das mãos para te encontrar nas águas ancestrais
nos cânticos onde jazem os homens e as mulheres do lado outro
da memória. Escavo o sal da palavra com as duas mãos.

Ó espelho de sombra que padece! Ó flor de sal que não
[pode padecer.

A Everardo Norões e Sónia Norões

Repousa em cada dedo a idade das mãos
o bailado em que a derme rasura o tempo
num exercício antigo e dedicado de sabor
e expressão. Leveza extrema a das mãos
que não apontam, mas tecem devagar
a destreza e a integridade

Somos sozinhos com tudo o que amamos
Novalis

Voltarei a cada página para colher
os indícios das tuas mãos
porque a palavra tempo se repete
e o silêncio continua nas minhas mãos

Fotografia de Maria Margarida Oliveira Ramos

Posfácio

Na orla do Silêncio. Infâncias

Algumas notas à leitura do livro
por Alfonso Pexegueiro

Na orla do silêncio. Infâncias

"Na orla do silêncio, as mãos"

"Tudo está em nós" (Hölderlin). Este pensamento seria suficiente para apresentar um livro de amor, como de Gisela Ramos Rosa. Amor silenciado, porque "tudo está em nós", mas reprimido, cansado, ocultado. E neste livro é esse amor que fala: esse silêncio que abre as mãos que tecem as vozes do poema, a liberdade de ser. Nesse silêncio a infância e o feminino tomam a palavra, recuperam a voz calada do imaginário medieval (e anterior), quando as beguinas, consideradas pelo poder como uma ameaça, foram brutalmente aniquiladas. Essa voz diz, fala. A infância faz-se linguagem, e escreve.

Em "Tradução das Manhãs", já na dedicatória: "Aos meus tios António Ramos Rosa e Agripina Costa Marques que me ensinaram a escrever e a sentir a liberdade e o silêncio", Gisela assentava as bases da sua poética: liberdade e silêncio. Nuvens verdes de Sol. As mãos são (esse) silêncio onde as asas aprendem a voar...

Toda a teoria ou classificação da poesia acaba por se estilhaçar contra a própria Poesia. E eu acabaria por me estilhaçar contra a beleza do cântico se falasse com ruído. Contra essas mãos que se abrem para tecer a verdade do poema. Daí que apenas possa agradecer o que se intui (o que o poema insinua). Agradecer essa força que emana das mãos da poeta tecedeira, porque mãos e pensamento vão juntos, vão umas ao pé do outro, a tecerem, como essa dúvida tão necessária para atingir as verdades que se reprimem por incapacidade de dúvida. Esse instante que colhe a eternidade (o instante está cheio de "eternidades") que depois o tempo (o silêncio do tempo) leva consigo para espaços desconhecidos onde apenas habitam os sonhos que os homens rejeitaram. "Por vezes o poeta ou o pintor esbarram com uma metáfora capaz de prognosticar verdades que vão germinar ao cabo de mil anos" (Mark Rothko). Mas antes é preciso criar espaços para o possível. Espaços onde o tempo é seriedade de viver, de existir, sem maus-tratos, como afirma Alejandra Pizarnik: "Considero que a minha infância ultrajada é um facto perfeitamente sério". "A infância não é mais uma etapa da nossa vida, é a base da nossa vida" (Alice Miller). Tudo parte dessa base que é a infância. Dessas mãos da inocência que o adulto faz calar punindo com pancada ou vergastada; a essas mãos em pranto a poeta dá voz, a partir do silêncio.

Gisela exige a dignidade do ser humano para enfrentar o que o filósofo Walter Benjamin descrevia como a só e única catástrofe, esse "furacão que nós chamamos de progresso". Esse erro da Humanidade em que as ciências estão com a barbárie, nas palavras de Nietzsche: "Um século de barbárie começa, e as ciências estão ao seu serviço". Gisela exige a dignidade para o ser humano, do silêncio dessa infância que obrigam a calar. Esse silêncio ferido acompanhar-nos-á a vida toda. A idade infantil desaparece, a infância permanece sempre. As crianças são os protectores da Humanidade. A primeira desobediência verifica-se na infância, e pune-se. A História não é senão a resistência ao que há de humano. A História é a resistência à Ética. Gostava de me ver sem História. Gisela escreve a partir da infância, fora da História.

"O homem pensa porque tem uma mão" (Anaxágoras).

São as mãos que margeiam, que beiram o silêncio das coisas, e é o silêncio que guarda as nossas lembranças mais sensíveis. Escreve-se porque alguém nos fala em perguntas. É a linguagem que lavra o corpo. "Na orla do silêncio, as mãos", diz a poeta. É esse silêncio do tempo que nos vai perfilando como seres humanos contra vontades diminutas que fazem barulho, que devastam a verdade do ser humano: essa infância que não vivemos nem desenvolvemos, apenas submetemos, sacrificámos ao poder do Amo. Será que estamos a construir um mundo sobre restos do que pôde ter sido? Chegámos até aqui mutilados, feridos, arrastados por aquilo que não tinha que ser. Somos o que eles não souberam desejar. Quando o medíocre se instala numa cultura (ou numa sociedade), o bom é visto com receio e é rejeitado.

Gisela Ramos Rosa escreve para mudar o mundo, como as mulheres da Ilíada falam para deter a guerra, sabendo que mal se calem a guerra irá começar. Nesse espaço feminino da palavra, da conversa, os sonhos são tão poderosos que quando falam emudecem a barbárie – daí o medo de falar (em voz alta) do feminino (das infâncias) –, capazes de deter a brutalidade, o negócio e a burla, a balbúrdia e o assassínio.

Gisela recupera a voz dessa "primeira voz de todas as coisas", e constrói com ela um mundo novo: "Amo as pedras como se fossem nomes/anteriores a mim. Pego nas peças circulares,/ infinitas contas de um cordão./O tempo percorre as minhas mãos". O tempo percorre as mãos, e fala em nós para nós mesmo, essa irreversibilidade que nos angustia porque vamos contra o tempo, não a favor dele, a fluirmos, como fluxo de amor a voar e apaixonado, como infâncias em liberdade, "sem gramática que corrige". Por que tudo se fez contra o tempo? Um corpo de medo e de horror é que nos pediu para sujeitar. Um corpo de escrita. Toda a escrita é um espaço aberto de incerteza. Há um tempo novo que se aproxima e nos afasta.

"Acordo ao nascer respiro o primeiro traço inacabado/(...)/ Leio palavras secretas que me guardam/oiço a clave cósmica, a confluência dos aspectos,/(...)/puxo a língua em direcção à mão/e volto a acordar ao respirar o traço inacabado."

Acordar esse traço inacabado anterior ao ser humano, quando tudo era ausência sem linguagem, e a linguagem foi-nos dada (na possibilidade) para alcançar os sonhos que viviam sem luz e sem voz no desejo do Universo. Às vezes penso que o Universo teve que se sonhar antes de existir.

"A minha terra não tem um nome próprio." Gisela não tem pátria, senão a da linguagem e a do amor machucado, a da infância, à moda de Rilke. "Não pensem que o destino seja outra coisa que a plenitude da infância", diz-nos o poeta. A terra de Gisela, da poeta, é o corpo amante, dignificado, a ascender em chamas para um céu de paz, sem infernos. Lá se combinam tempo e mãos e silêncio, que tecem a verdade do pensamento, junto com o amor. Palavra, esta, desconhecida entre os humanos.
Casa habitada pela palavra, corpo habitado pela palavra que reivindica ser, ser nesse espaço que nos negam logo à nascença. Insurrecta, rebelde, amorosamente rebelde, a poeta tece (com o silêncio das suas mãos) a verdade que caminha sobre um tempo que nos pertence e não é inimigo quando vai acompanhado de sonhos e dessa feminilidade de "inteligência de Amor", (Dante afirma: "Digo-vos que então a minha língua falou como movida por si própria, e disse: "Donne ch'avete intelletto d'amore", "Damas que tendes entendimento do amor"), que nos torna amantes da vida, sem correntes nem opressões de uma mentira que se fez voz no mundo. "A mentira converteu-se na ordem do mundo" (Kafka). As mãos tecem a verdade do corpo, a partir do silêncio e o pensamento, em liberdade, a partir do Amor.
"Somos sozinhos com tudo o que amamos" (Novalis). "Voltarei a cada página para colher/os indícios das tuas mãos/porque a palavra tempo se repete/e o silêncio continua nas minhas mãos".

Alfonso Pexegueiro

Pontevedra

(Tradução de João Guisan)

Sobre a Autora

Gisela Maria Gracias Ramos Rosa
Nasceu no Maputo (1964). Licenciada em *Relações Internacionais*, mestre em *Relações Interculturais* e pós-graduada em *Migrações Etnicidade e Racismo*, desenvolveu um estudo em antropologia visual sobre a Imagem, das margens e da diferença, ligada a grupos periféricos em sociedade. Sobre este tema publicou um artigo, em colaboração, com José Machado Pais, na Colectânea *A Juventude vai ao Cinema* (Univ. S. Paulo, Brasil, editora Autêntica). Profissionalmente foi perita forense cerca de três décadas.

É poeta e tem colaborado em várias publicações literárias, Antologias e Revistas de poesia nacionais estrangeiras, de onde se destacam as revistas *Mealibra* (Viana do Castelo), *Saudade* (Amarante), *Sulscrito* (Algarve), *Cultura Entre Culturas* (Lx), *Pena Ventosa* (Amarante), as antologias *Um poema para Fiama* (Labirinto, Fafe), *Viana a muitas Vozes* (Centro Cultural do Alto Minho) *Um Poema para António Ramos Rosa* (Labirinto, Fafe), *Um poema para Agripina Costa Marques* (Labirinto, Fafe), *O Prisma das muitas Cores*, ant. *Luso brasileira* (2010), *Alquimia do Fogo* (Huelva), *Alquimia da Terra* (Huelva), *Alquimia da Água* (Huelva), *Voces Verdes de la Tartéside* (Huelva), *Cintilações da Sombra* (I-2013 e II-2014), *Arqueologia da palavra* e a *Anatomia da Língua* (Moçambique), *100 poemas para Albano Martins* (Fundão), *Amado Amato* (Castelo Branco), *Doce Inimiga* (Braga); *Conflitos e Grito de Mulher* (CEMD); *Clepsydra* (2014) e *DiVersos* (2016), *Espaço do Ser, poesia, tradução e ensaio* (revista nº 1, Lx) *Correio das Artes* (João Pessoa, Brasil) *Magazine Eufeme* (2017), *CHICOS 50* (revista da cidade de Cataguases-Brasil, 2017) *IBERIS*, revista Hispano-lusa de eco-crítica (no prelo).

O seu primeiro livro foi um diálogo com António Ramos Rosa, com o título V*asos Comunicantes*, publicado em 2006 (ed. Labirinto) e reeditado em 2017 (Poética edições), em formato bilíngue português/espanhol. Em 2013, publica *tradução das manhãs* (ed. Lua de Marfim) que virá a ganhar o Prémio Glória de Sant'Anna em 2014, ano em que veio a ser editado o seu livro *as palavras mais simples* pela Poética edições.

Participou na organização do caderno de poesia da Revista *Cultura Entre Culturas* nº 4, Outubro de 2011, dedicado a António Ramos Rosa, onde intermediou e colaborou com trabalhos fotográficos e escritos sobre o poeta. Tem organizado várias exposições de desenhos de António Ramos Rosa desde 2011. Sobre o mesmo poeta prestou igual colaboração, em co-autoria, para um caderno da Revista *Nova Águia* (nº 13, 2014).

Coorganizou três exposições de desenhos de António Ramos Rosa no Algarve (Câmara municipal de Faro e Universidade do Algarve) e no ICS-Univ de Lx. Coordenou a publicação dos sete primeiros livros da *Coleção de Poesia Meia-Lua* da editora Lua de Marfim. Em 2012 recebeu uma menção honrosa no Prémio Internacional de Poesia *NOSSIDE* (Unesco) e uma medalha no mesmo Prémio em 2013, com poemas publicados em antologia.

Coordenou a colecção de poesia Meia Lua (ed. Lua de Marfim) até ao sétimo livro (2011-2013). Organizou a Antologia *Clepsydra* (2014) com a chancela da editora Coisas de Ler e continua a colaborar com esta editora, como consultora da colecção de poesia *Clepsydra*. Em 2017, foi reeditado em *e-manuscrito*, o seu livro *tradução das manhãs* (no prelo, Escritores.online) e o *presente livro* (*Coisas de Ler*). É associada da *APE* e do *Pen Clube Português*.